RIEN

LE CADEAU
QUE
TU VOULAIS

Illustration de couverture:
© Caroline Stern
Titre original:
Nichts: Das Geschenk, das Du Dir gewünscht hast
Autrice original:
Caroline Stern
Editeur original:
© BoD – Books on Demand, Norderstedt, 2018

© Caroline Stern, BoD – Books on Demand, Norderstedt,
2018
pour la traduction française
ISBN numérique: 978-3-752-82038-6